Željko Toprek

BALKANSKI CIRKUS

DRUŠTVO ŽIVIH PESNIKA

Balakan _ Expres

Na peronu sudbine,
dvije osobe sa mojim koferom,
jedna se lomi, da li da bježi, il'
ostane _ na rodnom brdu,
druga je ravnodušna za sve,
boli je briga – šta ću
odlučiti...

Prte obije one
prnje izno'ane,
ispadoše na
sred staze kojom
gaze putnici života,
gaće poderane,
po pola lijevog guza
roša, može kroz nju orah...
svirnu otpravnik, krenu
voz za nepovrat,
otisnu se niz šine,
ciča zime vani – stoji.
Volim ga, a krkosi prevladali,
ako ostajem, u boj mi je,
ako krenem, ništa
me bolje – nigdje ne čeka,
najbolje da sjedim i šutim,
kuš', đes', pokri se –
nek' odaberu same...
Inače, još su
tu _ ćihu ćihu ćihu hu.
Zatrpo vlak – snijeg,
čim je kren'o..!
Ostavlja Bog
do otopljenja,
vremena _ za još
jednom razmisliti.

Bekrija je diler

Sijem na proljeće, četiri duluma tikve,
eko proizvod, valjaću vam špice...
Kolumbo otkrio obijen oval pun kuvane mrkve,
ahaa, al' od krave – popržena vagina i vime.
Imam pravo imati stav, koji mi nalaže
da se izjasnim, tj, dajem na znanje ko je zapravo
rob božiji _ Toprek Željko, ne dozvoljavam komentare,
iako ne znam podesiti tu opciju, lajk vam po volji..!
Oro ja njivu, Care – istu petn'est godina,
išćero dušu iz nje, neja kulture koju nismo
turili joj u njedra, izrodila parcela kvadrata
tone i tone svega, ponosam sam na sebe...
Odričem se i zadnjeg felera,
čim zadnju ratu isplatim,
što lizinga, što pušinga.
Prazan hod između obroka,
koračam od doručka do večere,
u džepu pregršt poskoka,
nije što sam škrt,
nego malen minimalac rada...
Pa se sjetim dana kad sam po jevtu
sastavljao bez komada pogače,
padže ima samo rupa,
u stomaku želudac se skupio
za ništa, v grudima i dalje –
srce lupa.
Razbije neko nasred sela prevratu,
ja se prije objedovanja,
prevratim šest puta rakijom,
pa se onda sjetim – opet
do vikenda, da li šta strpat' u kljun –
ili glimati sretno i zadovoljno - prazne utrobe,
na to sve - trijezan.
Jeste da, vele da idem ginuti za tu državu –
zinem na sav glas, pogin' sam.
Sit se meni tad nije vjerovao,
niti ja to mogu sada objasniti svojoj djeci,
stigli ste u domovinu gladi –
pored izobilja, svega i svačega.

Ljeb te cmokno, mi imamo vodeeeee.
To ti je za 6 godina, ko današnja trka za naftom.
Kreće pomama na H20, veća neg' za brašno.
Ma de, Švabo u cijeloj regiji, koja broji
k'o pola Balkana,
nema pitka izvora, on složan,
vi se izdijelili.
Neka ste, ja više nisam.
Odavno sam – Zemljanin.
Ne pripadam nijednoj državi.
Bayyyyy.
Ja jest lijepo letjeti!!!
Međe su krkanska spika...
Pa ja, ne vidiš razloga za svađu,
kad te ponese luda iz čuture.
Vatrene vode, pa u boj.
Moj, jaraneeee.
Ma kako da budem normalan?
De mi ti objasni.
Ja ja, sve Šaban do Šabana,
smije se kup't' u trgovni gajba pive,
a ne smije za lijek – smola od kanabis.
De ti meni klikni koje slovo, zapisniče zakona istog,
da li si normalan, ili te to samo ponekad – tako prenese???
Mili drugeee, odgovaraćeš za posljedice, brrrezveze,
ako si podmićen na dukate, od strane alkohofolne mašinerije,
onda ti na dušuuuuuuuuuuuuuuuuuuuuuuuuuuuuuuuuuu.
Amer sranja, njima indijanCi na samrti – podvalili i duhan.
Lula mira iza ćoška čiči, de me zapali, i ja to uradih,
nađoh se sa poglavicama znanim, da vas ne davim,
isto misle, ne vide se više na ovoj planeti.
Sreća, i to napomenuše, što ih zatamanisssmo.
Pa ja, nismo breeee svi bez atomske, ili onaj ko
ima okidač iste, bistri putooove.
Ma nije loše, maneš se svega, odeš u vrt vaditi kumpijere,
biće se barem situ.
Titu sam se zaklinj'o što sam morao.
razlika je u tome, što ovima
danas mogu ladne savjesti – okrenuti leđa.
Eto vam krčevine, neiskrčene.
Prepolovljeni smo – ko da je prošlo preko nas

u zadnjih dvajest godina – trista svjetskih ratova.
Potražnja za radnog snagom je ogromna, vala će biti i žedni'...
E kad stigne mani na naši prostori,
mi ćemo već biti ogrezli na isti predmet,
letjećemo preko Germanije, zagrljeni sa Englezima.
Ruse pretekla zima, zamrzla nafta, nisu stigli na aerodrom.
Odletio jaVion za Amsterdam.
Motaj još jedan taman poslije njega – odma' crko.
Lako je to reći _ kad znaš da nećeš :-)

Bezimena...

Danas sam razmišljao o tebi,
ko zna dokle si dogurala...
kažu da si se udala, čekaš bebu,
volim te isto, ko i onog časa –
kad sam ti to prvi puta rekao –
dugo dugo piljio _
za prolaznicima
u parku.

Smot'o cigar, pa onako
natenane, da te se sjetim.
to što sad plačem –
ne osjetiš –
jer si predaleko,
putem ove razbribrige
moje – puno ti svega
dobrog – želim.

I tako to, i na tu temu,
pozdravi ostalu rodbinu,
prijatelje, kumove –
muža isto.

Bog Jura

Marisol i domaći krastavci,
vele – da se nijedan ne šprica –
ko kornišon, ja ih nisam posij'o,
sad bi se ranijjo, da imam iz čega,
slupaću si glavu – telefonom.
Čekam lupu koraka,
otišla si tada njima,
istim se nadam –
samo u drugom smjeru...
na reveru značka,
ma nisam ti ja za potoke suza,
kraj taj – neka bude tačka,
ipak ih čekam.
Igrati se možeš riječima,
a da to i ne osjećaš
što pričaš,
mrmolji se o ljubavi
stoljećima, vijekovima,
bitnije je – ko čita.
Pa kad sebe izbistrim
nakon godinu dvije,
vidim - ne mislim
sad tako,
ne vjerujem da bi' –
do groba ček'o.
Ma de, ja sam ti lik –
koji te i dalje voli,
ali ga istog sata,
iliti časa - nema –
ni trena ne gubim,
kad sam saaam –
tek sam svoj.
Ostalo, nemam ti ja nikoga,
i ništa.
Volim svaki pedalj neba –
stvorenog za sve.
Ako misliš da imam
prema teb' loše namjere –
nis' normale.

Tema stalna, nikad joj kraja –
zanimljiva strofa –
sam' ako je _ saf f funica
pa ti je ova moja pjesmica –
o ratu.
Imao sam simpatiju,
nestala sa druge strane –
linije razdvajanja –
ljudi – po nacijama,
ija kobila,
jašta si neg' pametna,
i ona je bila lijepa,
više joj se ni imena –
ne sjećam.
Tačnije, prolazimo, vrijeme stoji,
i to tako stabilno u mjestu,
da me ponekad strah – naše brzine.
Sad nas ima, sad – NE.

Halogeno tikvarenjE

Akcija na sunovrat,
oko grla omča,
na glav' šešir rogat,
po sred leđa viri –
ekser sa dračova kolca,
neko dok je kres'o
ogranke za zimu,
okačavo zubun,
za sve ostalo –
vzemi dezodorans,
nemoj se nikad oprat'.

Holand divizija

Ako mislite -
kako ste mašina,
grdno se varate,
u grudima je istina,
jedna i jedina,
od istog tvorca stvoreni,
da glimate _
po jadima Zemlje...
ma pali, jašta ćeš,
ođe nije zabranjeno!!!

Ima regres, kako nemA

Ćindija, pravi usput malu pauzu,
ujedno ladi – tanjir,
licka poslije ručka _ objeručke, feltne...
Budi ti se tako, ni gladan ni žedan,
oda od tog dana do svakog sljedećeg,
za čašu vode, frtalj pogače,
pa kad sabere i oduzme
sve što je kao računao za življenje –
prepadne se, od straha preklopi
u krpe, ako se ne probudi,
biće sigurno sit – svega,
opijen pjesmama – zasp'o, zauvijek.
Sanja:
Ne bi' se vraćao ovdje, ako Bože –
ne moram.
Al' ako vidiš _
da trebam opet u boj,
ti samo kaži,
stih nosim sa sobom.
Napunjen redenik slovima,
mašEnka _ samo čeka da oplete,
svijete svijete –
volim te, do
zadnjeg kamena ove planete,
pozdrav, od vanzemaljca _
Mileta...
Neko u proletu zasvira,
mora dalje.
Djeca kod kuće, sitna!!!

Imam sjajan plan, al' vam ga ne mogu ispričati...

Dok u sebi vidim izdaju kako
se sprema da zablista, napokon
dočekujem predaju krsta,
oslobođen sam jarma –
za dvjesta eura...

Gura kolica sa sandukom
neka poduprijeta snaša _
sama od sebe, opet frka
sa krstom, tovare mi
ga na spokoj...

Opijelo mučeniče, nema
porodica čim platiti!

Stavi na crtu, odužiću
kad se opet rodim,
i naletim 'vuda –
O glavo luda – bjež'
i ti, izdaj
grobove đedova,
jer je to višetaaaaaa a –
šuplja priča.

Mogla bi biti
okey spika,
ljudi su pogan.

Novac je dobar program
funkcionisanja privređivanja,
al' jbg, oće seljaja _
da ima iste na kamari,
u ćošku vile sa dva šiljka,
prebacuj, da se ne spare.

Roman zvani _ Istina

Naslovna strana života,
auto i dobra klopa,
krpica sa etiketom
sjajne proizvodnje –
sve ti se to svede na
zadnju – spomenik
ploča, dižu je
od svoje crkavice ipak _
rodbina i ukućani –
mislim u sebi,
nećete trebati _
izgubiću se negdje
u sredini – između
redova, grob
hrpa slova,
preupotrebljavanih.

Kalašnjikov _ pretopljen u plugove

Uvenu mi dunja na grani...
žeđ za slatkim prođe olako...
I jazav'čar Baro,
pustio lisice kraju,
rek'o mu nadređeni,
da ima drugu metu.

U komšiluku pas na lancu jeca,
lovac ga, k'o što gore napomenuh _
priprema na zeca,
ne smije ništa jesti – sedam dana...
Kad BI ga pustio sa sveze,
možda BI prestao da plače,
ništa ne BI skrivio, da gazdu
za jajca ugrize – i to
ona hrabra, dvocijevkom
na dva duga uha, u žbunu
mu srce izbija iz grudi –
krkanski zaista!!!

Lija nema riječi,
iako se _ riješila belaja.

Kiosk ničega

Hladno mi nije,
niti sam gladan,
niti žedan,
imam marku za pive,
međutim, ne ide
mi se do bircusa,
tam' se navatam
osredinskog
cirkusa, pa se ne mog'
oprav't' mjesec dana.
Dalaj _ slemaj nam
još jedan _
ostaćemo doma,
u tom nekom _ svom svijetu,
iza tipki na međeda,
rekao bi svako – lako...
Najlakše, od svega,
nijansa bijele tame _
crnim – to teke svjetla
pokriva.
Sedam eura kila!

Klizana cijena jauka

Nemoćan da spasim svijet,
brišem si suze sa lica,
pa skontam da to tako treba,
i da je život, zapravo _ ništa.
Osim što možeš plakati –
do mile volje, za to ti inspiracije,
barem u dvajes prvom vijeku –
ne fali, ni frtalj – zaćep,
i daj drugi bocung...
Ništa mi ne pričaj, ništa me ne pitaj.
Samo vataj _ vapaj

Kostimograf, neću ni gaće...

Voda i smola – ostalih napitaka i omamljivača _
seee – odričem!!!
Providni Stanko, terapeut za tabane,
pravi naočare za kurije oči, doduše ručni rad...
Alkofol je good, al' po pivu dnevno,
mariuana legale, pod itno...
nikad nisam htio da budem narkos,
zato ovo kažem!
Odvisi od mnogo štošta,
od naše želje i volje, skoro ništa...

Htio sam i ja da postanem mnogo toga,
taman krenuh u srednju školu – izbi rat,
da ne kukumačem, doživio sam i više
dobrote – nego što sanjah tako mlad,
iako sve što je slijedilo poslije osnovne –
ne bješe nimalo nevino...

Pa sad gledam svoje dijete, puni osamn'estu,
taman toliko i ja sam imao, kad mi na rame –
okačiše redenik, pomoćnik
mitraljesca, sve zbog toga – jer samo
radi – vojnički kazan, ničim se ne može
zamjeniti – MIR, pristajem za istog –
crknuti od gladi.

Naježen gruvam dalje, postaću
sve što poželim, Bog sa neba
pozdrave šalje, veli – 'oćeš maunu.

Daklem, planirati mi je samo do večere,
računajte i tako, da ću jedan dan
otići u krpe – nezavršen –
one se zovu vječne _ jedva čekam
momče sa kosom, samo je nabridi.

Nisam ni'ko i ništa, niti imam na računu feler,
ja sam ti radna snaga modernog robovlašća,
nema žitelja ove vukojebine – da ne nosi

negdje kod sebe – geler, taman u džepu –
ko suvenir.

Eto šta izmisli od svega, pjesmom se uvatim
vedrine poslije preObraženja,
pa ne umačem prst u vodu –
da vidim je li imalo topla, skačem
u nju naglavačke, oć' do goSpe
da nadoknadim protračeno ljeto –
pod kišobranom.

Taman skucko za pored povrtaljke –
bazen _ plastikaner, dok ono granu tek –
kad se zmije zavukoše u tliju, kontam
da li za zimu – potražiti suncobran...

Postati vidovnjak – na Balkanu
veoma poželjno, barem da vidiš ispred sebe jevtu,
iz šmrca u šmrc, preko letve za ravnanje,
za ostatak svijeta mislim isto, ne razlikujemo se
jako u gidu, čim se dočepa tranzicija kinte, srlja
na iglu, prije toga se dobro nalipa – đavoljeg praha,
misli tada miĆko kako je lapio svetitelja za muda,
i to onog trena baš, kad sljedeći ostaje - bez daha.
Popravka ničim - više ne pomaže.

Kus _ kuS

Uštavljene kljove – kraj diplome,
giht mjeren - ko čabar spirina,
sve od podivljale krmet'ne.

Navadiš se na krv,
najpreciznije objašnjeno.

Žaoka u oku, ostala od klipe,
zabi mi se usput sa grane,
dok sam gledao fazane, u polju...

Sa druge strane iskoči lane,
šare svukud razbacane,
ko da joj je nane – spavala
sa zebrom.

Grebu kupim jednu, na
godinu dana, obično
dobijem zamjenu,
i to mi je od kockanja.

E sad, ima li ova
stihoklepaonica
od života _ smisla?
To vam ne trebam
ja reći, ako ne osjetite
to u sebi, naprtite
na rame luk i strijelu,
pa u lov.

Ubij zeku i lisicu,
poslije se oblij u kafani pivom,
jarebicu ne zaboravi,
nju krni, čim je spaziš.

Meeešalac na benzin, motor toMos...

Od Mozarta _ ploča, nije tiket/////
Nosiva – Za istu taku gredu – smišljena)
###Beton da ne iscuri, i ode ukurac, služi šalonga.
'olega u mene K K,,, v rat o+_šo,
bez puške, vratio se sa ženom
i petero djece...
de neku težačku, što se moraju
ron't' suze.
Napisao toliko pjesama,
a nijednu o njoj kako treba,
bila je dio moga neba,
sad sam tek svejstan,
kad više Bogu nije
bitna ta tema,
nego nas nema na
prtini snijega,
razdvaja nas visina brijega
neizmjerljiva,
sinjOrina ćaO ćaO,
Betoven je car,
pričaj šta oš,
ma zaboli me bona
za crkven kalendar,
već odavno,
postim svaki dan,
ne samo petkom i srijedom.

Misliš, da nije bilo strasti?!

Ponosna je njiva, služi za groblje,
siva tmina na vrh pleća klekla,
posmrtno me vodi – osoblje.
De ba, to će biti kriska.
niko neće biti svjestan da me nema,
i tako za svakoga, a mi se ganjali –
oko međa... na kraju svega – od
čovjeka ostane ništa, doduše,
od duše se prometne neki klinac
dalje.
Al' ko viđe odavde – da je ništa,
do sluga božija, tek kad skonta
kako ga nema ni na mapi,
ostane zabezeknut.
Pomiluj i tog, e ja,
sad si mi ti neki koji
to kobiva savjetuješ,
a do jučer tuk'o _ bazoku.
Tocilo je po ustima,
k'o penis po vagini.

Mitro i Kovuprcija

Tražeći da napišem štivo vrijedno pomena –
našao sam sebe _ kako sjedim u ćošku sVemira,
šaram po teci _ ispeci, pa reci - venem
sa sudbinom – namćora – pravosuđe
u BiH _ bolje vam je da se besite,
ako morate preko pomenutog organa –
do pravde.
Nije povezan stih – al' ima smisla!

Na Drini _ žurka!!!

Sjeverac piči najutro, štenci vataju –
prve zrake Sunca, eh, da nam nije njega...
Žir žvače krme, sjuž'lo popodne – dabome,
ima dvije kičure, jespod vrata,
preko njih če _ ga - zaklati
Treba mi upora za mozak,
po mogućnosti hrastova da bude,
za mali može i okorak –
želim da gledam svoje rodno selo –
kako mu se nanovo – otvara škola.
Pobjeglo je sve – glavom bez obzira,
nisam pametan što sam stariji –
al' jedno znam, Balkan raj –
za godinu dana, stiže nam istoK u goste,
malo da se kutal'šemo _ zaPada.

Nirvana

Mala je velika, ako je nedaća u pitanju,
a velika mala, kad se fura sreća,
namjesto da čova bude zadovoljan –
što je dobio priliku mrdati –
zglobove preklapati.

Pa sam odlučio ovako, neću više
vagati dobro i loše,
neću se ni nadati, sve dok ne pođem _
na vječni počinak.

E onda, ako boG da više,
ne želim se vraćati na Zemlju.
previše sam se dao – za ovog
života, što za otadžbinu,
što za ljude, da ne ispadne
sebično, ni za mene me –
više nije briga.

Okrećem novi list, preda mnom
je knjiga, da li debela
il' tanka – neću ni da virnem.

Oć' se napušt u Skadru, matero mila

Skupljam za kamp kućicu,
prasicu kad napunim, otisn'o sam se...
Do Turske, ne stajem,
odozdo ću obalom,
prema Kopru...
Bataljoni lijenština,
lakše opisana,
vlast, kojom se kiti
na Balkanu, jako svaka,
palanka.
Radna akcija, vojni
rok bez oružja, obaveza –
i za muško, i za žensko...
Korisno je nekad donijeti
odluke koje izgledaju
naočigled svih – katastrofalne,
bitno je – kako vi vidite
te vaše poteze,
vas njihove nebuloze
budu koštale,
svoje se – prebole,
na tuđim se grešakama
seljaja sladi.
Ne vidi, da ih isto čeka...
Lijeka ima, naravno,
pa je raj dostižan!
Odavde do neba, dva pedlja,
jedino kad crknem, vikne neko –
dobar je bio...
Da do toga ne bi došlo, dok sam
živ, ispovijedam se, najgori!!!
Al' sam tebra, sebi po volji.
Balkan bOy, ispod tog',
žao mi je, ne priznajem.

OrlOvO perO

Tomahawk zakopan,
što se mene tiče, zanavijek.
Odlučno gazim, da zagazim
u vir strašni, nimalo se ne plašim,
usput nosim krst – na njem' piše mir,
ne dižem neprijatelju srednji prst,
neg' nudim komadom,
aj' zapalimo, možda
ćemo tako – naći zgodno rješenje,
za obojicu...

Ovna bez biljega _ za najboljeg jarana

Gostinska soba puna preklanih zečeva,
vrata ku'inje zaprta batacima biba,
'nevni u neredu od krvi svinja,
kupatilo čisto,
tu čikaPil – ruke sapire,
iza sebe sredi...

Pustoš graje

Dani prolaze,
zalaze u noć
jutra zatim dolaze,
kako je i počelo,
sve se završi,
pa na vječni počinak _
moraš poć'.
Dok mjesec nad vrbakom
sija, ko da mu je najmilija
kriva struna drveta,
izđikala iz močvare,
viLa lica umiva
vodom jezzzz bokala,
poljeva joj Sredoje.

Riba je bez vode

Pišem pjesmu za sebe, onako
da se nešta čini, tešem dirjek
sa ćaćom, uspomene
se ne stidim, neg' divim
šta sam sve izdržao,
mlađan neiskusan
ja ja, drkam, sad kao vama
to nije znano, aha, nego ne
skreći sa teme, ovdje vime
ne pomaže, drpaju se za muda,
namjesto da ih operu, ma
to su tikovi, nije do higijene!

Rima i tuga, dva vjerna druga...

Mogao sam biti tvoj,
al' tad ne bi' bio svoj,
mogao sam te voljeti
više od boGa, al' bi'
njega tada – manje,
mogao sam ostaviti
sve zbog tebe, i jesam,
boljelo je strašno,
tako sam došao
do pjesme, sad volim nju
više nego tog mene,
čekam samo da krenem _
u nepovrat – raspjevan!!!

Sad itaju keruše, zajedno sa kučićima

Poezija iz ugla Jesenjina, nije ni čudo što je poludio,
ja da sam bio na njegovom mjestu, ošin'o bi' se iz mačete,
preko vrata – kom' ne bi pomogla ni marama,
dala mu draga, da je se sjeti...
Naučio sam se povući iz tih priča,
nisam više naivan, k'o sobarica _ što se kaže,
naći mirnu luku za živce
koje moram trpiti do kraja
vijeka robota kojeg sam
uprego za ovu misiju,
pa u tom kutu, sklupčan
v ćošak, bistrim, da
me boli dupe za njim,
i to njegovo _ vlastito.
Ima da ga iskoristim –
samo tako.
E sad, kad ovo
već doživiš, budan si,
ne moš više zaspati,
osim to što ti
oko se sklopi,
i tad sanjam,
samo što je spavanjem,
a kad je pisanje
pjesme, moram
uključiti komp.
Malo savremenija
harmonija,
stihoklepača
i rime.
Čim zašteka,
nagovorim većinom robiYa,
da ga odalami šakom,
sklopljenog na brzaka _
odozgo.
Crko crko, svejedno
mi piči slugi - po nervima.
Kupićemo novi, ništa ne brini
Roki, ako ništa, na rate.

Pa ti budi piskaralo svijesti –
dužan dvajes' čet'ri mjeseca.
Jest jest, i to ću ti raditi,
mislio si bićeš zvijezda...
Hoćeš, ali kad budeš na nebu,
tako je to junače,
u pjesničkom svijetu.

Samo da nalijem čabar

Mr Zemljanin _
će ubrzo ćopat' _
pitu od ničeg.
Kroz vene nam teče voda,
ona je sve što jesmo,
ne dozvoli da se
osjetiš žednim,
visi cijelo vrijeme
_ pod česmom...
E sadeeee, šta misliš
neko zavrne isporuku iste –
Njemačkoj?
Džaba ti stroj
bez rashladne tečnosti,
ni ulje mu ne pomaže.
Pa kaže vako,
svako malo nalij,
prije obroka - na pola sata prestani,
i poslije istog ne suni
tekućine u ždrijelo, minimum sat,
pusti da trbu odradi _
sagorijevanje goriva.
Poslije goni robota čovika,
do preoda, sve to
za dvjesta evrova,
većinom je isti,
i gladan i žedan.
Balkan se voli više.
Idem neko vrijeme, da se
odmorim od te ljubavi,
klecaju mi zglobovi,
ljubim ga sve jače,
iako ću daleko, ne plačem,
gledaću vremenom barem,
da ga nadletim...
Ne svijete voljeni,
idem da obiđem _
ostatak življa.
Kako se na ovom

brdu pate još životinje,
rijetko gdje ima.
Ma isto svugdje.
guli ga nanož.
Umre ćaća i mater,
braća se i sestre iskolju
za među.
Valjda je pomjeraju...
Tvrdeći – kako je
svako od njih,
ponaosob,
u pravu.
I da znate kako jesu.
Ja nisam, hvala
Bogu dragom _ delam
kako mi zapovidi.
Pa ti vidi, ništa mi ne treba,
osim ledina bez giometra,
dva centa kvadratna...
Spaljivanje preostalog
dijela robota.
Ne dolazi mu na sprovod,
niti svijeću pali.
Nego Ga navari
dok se živi.
Viči kad pandrknemmm,
rodio se, nije bio nešto!!!

Šilježe bez biljegA

Dok tako prebirem po memoriji
sjećanja iz djetinjstva, sjetim se
da nemam pojma koji je danas
dan... ni mjesec, ni godina,
niti dio svEmira, gdje se
vodimo da postojimo,
a u stvari smo – prkno
od ovce...

Vijesti iz rupe zvana
dnevnik u pola osam _
kažu, lijepo je, i dobro
je, i imaju se penzije
i plate, i daju se nepovratne rate
da seb' kupiš za te rape tolce
jjeee kravatu, naruči ti _ ipak taxi...

Dobar dan, a vi ste oni što
spaljuju kad crknemo, men' guzcu
i usta reš - prije podne,
ako događaj bude predveče
sprži prvo none _ tako...

Kakokako?
Vako i vako.
Nisam više glup – eto da ti kažem,
ne češem se za novine – osim ako
me negdje poćera srat', a nema celuoze,
je"l'" flaše sa vodom...

Da, sve bi bilo savršeno,
al' kenjamo i jedemo.

Skačem k'o majmunče

Jedna na lijevu nogu,
druga na desnu,
šare tri odozgo –
plastične,
made in China,
dva broja manje,
uzeo na sniženju...

Hlače iz polovnjaka,
doduše – jesu neka marka,
tako da tu dinara –
nisam ušićario,
onoliko koliko je tražila
trgovka – ja joj dadoh,
pogledaj mi u šlajbuk,
zadnje su –
rekoh veselo.

Malčice prije - od tog zveketa,
uspio sam namaketi za bluzu,
doduše _ reklamna,
kupiš pivo, dobiješ obleku.

Šlape su, da se ne lažemo _ adiDas,
znaju i kosoKi napraviti da valja,
samo mi nikako.

Gaće sam ukr'o,
sa štrika nekom bucku,
vas ubogi dan,
ja ih na guzove nadižem.

Kape nemam,
al' planiram zbaviti,
jer ona glavu čuva!

Sreća _ poče kiša

Iju iju ijuju!!!!
Ma ovo morate doći čuti,
trese kolo, ko da je vođe - plata tri milijarde,
korisno mi se zezat' perom, idem zarad't' para pišući,
ljebe, jes' komšo pojač'o magnetofon –
braća Babajić, pa sad natakeo Iliju i Marka,
svira mi po glavi izvornjak, da mu
ga odem i slupam...
Međutim _ Maslinova grančica,
a pod rukom but pečen'ce,
nedostaje kvačica na ć,
viče se tade cilim,
pa tepih nije što bi treb'o,
nego mu dodaš iza beskvačnjaka
v, to radim – čini mi se, cvilim...
Kad ono, ispade – pjesma.
Mira, sviram od sreće,
da je, al' ne,
niko me posluštati neće,
i moje nije da zamjerim,
niti sudim,
nego da i dalje oduzimam
i dodajem slova, pretvaram tanjire,
u leteće, na njima paprike –
pržene.
Moj jedan pajdo,
vrać'o se iz Grčke sAmora,
kupio u Gevgeliji kraj ceste _ iste,
kad je stig'o kući, mušterije
ajvara – platiše mu put,
do dole _ i odozdo.
Ja se nisam sjetio –
a i kad bi', isprekidana me
naginje kroz – Albaniju.
Aj' što je trava u nas zabranjena,
lijeni stvore, nije paperka.
Sij i sadi – ne viči kako nemaš,
stiže era kad ćeš imat' svega,
al' moraćeš da radiš.
Minimalac od dvjesta evrova,
biće nam na cijelom Balkanu,

ružna uspomena.
Sigurno – još
dvije 'iljade godina.
Boga ima, sjedi na ramenu,
ali ako pizdekneš
krme macolom u glavu –
nemoj mu se moliti,
i zbog toga ćete biti stid.
Mene jeste.
Nema boljeg, buđenja
su bolna, da ni zamisliti
ne možete – žigove.
Do sada ovo života
što vidjesmo, to ti je
obično roktanje u okolcu,
sa sačekušom – na čelo ušice.
Koliko slanine i peke, toliko belaja –
jaja ja, al' da koka povazdan skače –
po grmu.
To što će je smaketi lisica,
opet nije naša briga –
nego osnivača zajednice – duša.
Kod svih je ista, i kod malog praseta,
i kod djeteta.
Nema razlike, do –
životinje su osjećajnije.
Inače, mi smo biljojedi,
rat i bolesti su nam od
vatanja jadnika u kafeze.
pa ono jede koncetrate,
poslije ga barabe
raskoroje na komade,
nadaju se raju.
Bio bi, da gore ostaneš,
dok, valja nanovo na Zemlju.
Ovdje sam stigao, da rokam
poeziju.
Vidim istinu, prenosim.
Nemojte kasniiije, nismo znali.
Mali, spusti ruku do tlije,
da siđem.

Oćeš presveti, stvarno?
Nemoj, kad su ti raščerečili sina,
tebe će nabiti na ražanj!!!
Podeblja pajdo, krenu Antonija i Kaja,
vrišti po bašči, aman se prelio.
Dan ode u smiraj,
utiša se dreka, sutra nema lijeka,
mamurluku...
Nastavak je – kuku kuku kukuku.

Sve prolazi...

Banula iznenada,
isto tako nestala,
stigla bila, da
kod mene sanja,
pa prestala,
sad se zove bivša _
ljubavvvvv...
Viču da ona ne
može proći, istina –
ja poslije nje – volim
sve što mrda,
i ne.
Mrzim samo sebe,
kad se vak' raspekmezim,
inače sam, mnogo jak,
čim je usnim,
sljedeći dan – cijeli _
se veselim.

Uči deda unuče, pijan ko ljesA

Pomolimo se Bogu dragom _
za sve stradale našom rukom,
sam' da natovarimo stomač'nu...

Marinirani rakun,
ošurene čupe, samo na gujci,
između krila _ piletu viri
potkraćen vrat,
koljemo i svinju,
za after ovcu,
sve to pod sač,
bud' pravi domaćin!

Užina

Ostavi svaki dan malo vremena,
po mogućnosti uz obročne pauze _
i za poeziji, pa tako razdragan
sa trideset minuta dobrote,
zalaži, što u redove, što u usta.
Sjeti se slobode, jedno
vrijeme na Balkanu,
do te mjere, da ti
se želudac naopako
okrene...
(Al' mi ne paše ni taj zaPad,
nema mace bez priuze,
pa kad priječu svi ljudovi na bilje,
vratiti dijete božije _ psa – vuku,
koji ne bude htio, neka ostane,
divljač, plus domaće životnje,
ima da pokolj traje, beskonačno...
dok se sve ne vrati na staro,
prijeti nam izumiranje,
jer namjesto traktora,
pravimo tenkove)...
Svijet je cjelokupan, još uvijek _
podobro lud, terapija traje.
Čini se uzalud, al' nije.

Voljeti, ne može se prestati

Neka je tako osmišljeno,
možda drugačije
ne bi ni moglo,
grli jako,
samo me stegni,
i drži za ruku,
dugo, dugo...

Vihor vihori,
crijepovi se pomjeraju,
neko mi kroz
tminu zbori,
Anđeli Sulji
za dobrobit
na gore – pjevaju...

Plače mila mati za njim,
i tri sestrice,
one više jecaju...
Neka je tako,
samo steži,
ne pušćaj nikad.

Poneki od dosade - zijevaju,
plješći Mirso, plješći Slobo,
i koruge od drmanja,
spadaju, samo pritegni,
popust' jedino _ kad zaprijeti smrt.
Ni tad nemoj isto, ostaćeš
pod krstom il' nišanom,
hrpa grumenja - svejedno.

SADRŽAJ

Balakan _ Expres 1
Bekrija je diler 2
Bezimena... 5
Bog Jura 6
Halogeno tikvarenjE 8
Holand divizija 9
Ima regres, kako nemA 10
Imam sjajan plan, al' vam ga ne mogu ispričati... 11
Roman zvani _ Istina 12
Kalašnjikov _ pretopljen u plugove 13
Kiosk ničega 14
Klizana cijena jauka. 15
Kostimograf, neću ni gaće... 16
Kus _ kuS 18
Meeešalac na benzin, motor toMos... 19
Misliš, da nije bilo strasti?! 20
Mitro i Kovuprcija 21
Na Drini _ žurka!!! 22
Nirvana 23
Oć' se napušt u Skadru, matero mila 24
OrlOvO perO 25
Ovna bez biljega _ za najboljeg jarana 26
Pustoš graje 27
Riba je bez vode 28
Rima i tuga, dva vjerna druga... 29
Sad itaju keruše, zajedno sa kučićima 30
Samo da nalijem čabar 32
Šilježe bez biljegA 34
Skačem k'o majmunče 35
Sreća _ poče kiša 35
Sve prolazi... 39
Uči deda unuče, pijan ko ljesA 40
Užina 41
Voljeti, ne može se prestati 42

Željko Toprek

BALKANSKI CIRKUS

Za izdavača: Željko Toprek

Glavni i odgovorni urednik: Nikola Šipetić Tomahawk

Tehnički urednik: Vladimir R. Z. Protić

Dizajn korica: Nikola Šipetić Tomahawk

Urednik poetskih izdanja: Jelena Stojković Mirić

Čačak, mart 2019.
Copyright © Željko Toprek

www.ingramcontent.com/pod-product-compliance
Lightning Source LLC
Chambersburg PA
CBHW031218090426
42736CB00009B/966